Der Duden in 10 Bänden
Das Standardwerk zur deutschen Sprache

*Herausgegeben vom Wissenschaftlichen Rat
der Dudenredaktion:
Prof. Dr. Günther Drosdowski,
Dr. Rudolf Köster, Dr. Wolfgang Müller,
Dr. Werner Scholze-Stubenrecht*

1. Rechtschreibung
2. Stilwörterbuch
3. Bildwörterbuch
4. Grammatik
5. Fremdwörterbuch
6. Aussprachewörterbuch
7. Etymologie
8. Sinn- und sachverwandte
Wörter und Wendungen
9. Richtiges und gutes Deutsch
10. Bedeutungswörterbuch

SCHÜLERDUDEN

Die Duden-Bibliothek für den Schüler

Rechtschreibung und Wortkunde
Vom 4. Schuljahr an. 324 Seiten mit einem Wörterverzeichnis mit 15 000 Stichwörtern.

Bedeutungswörterbuch
Erklärung des deutschen Grundwortschatzes.
447 Seiten mit über 500 Abbildungen.

Grammatik
Eine Sprachlehre mit Übungen und Lösungen.
412 Seiten.

Fremdwörterbuch
Herkunft und Bedeutung fremder Wörter.
478 Seiten.

Die richtige Wortwahl
Ein vergleichendes Wörterbuch sinnverwandter Ausdrücke. 480 Seiten mit rund 13 000 Wörtern.

Die Literatur
Die wichtigsten literarischen Begriffe. 480 Seiten.
2 000 Stichwörter, zahlreiche Abbildungen.
Register.

Die Mathematik I
Ein Lexikon zur Schulmathematik, Sekundarstufe I (5.–10. Schuljahr). 539 Seiten mit über 1 000 meist zweifarbigen Abbildungen. Register.

Die Mathematik II
Ein Lexikon zur Schulmathematik, Sekundarstufe II (11.–13. Schuljahr). 468 Seiten mit über 500 meist zweifarbigen Abbildungen. Register.

Die Physik
Von der ersten Physikstunde bis zum Abitur.
490 Seiten. 1 700 Stichwörter, 400 Abbildungen.
Register.

Die Chemie
Ein Lexikon der gesamten Schulchemie.
424 Seiten. 1 600 Stichwörter, 800 Abbildungen.
Register.

Die Biologie
Das Grundwissen der Schulbiologie. 464 Seiten.
2 500 Stichwörter, zahlreiche Abbildungen.

Die Geographie
Von der Geomorphologie zur Sozialgeographie.
420 Seiten. 1 800 Stichwörter, 200 Abbildungen und Tabellen.

Die Geschichte
Die wichtigsten historischen Begriffe. 503 Seiten.
2 400 Stichwörter, 150 Abbildungen.
Personen- und Sachregister.

Die Musik
Ein Sachlexikon der Musik. 464 Seiten.
2 500 Stichwörter, 350 Notenbeispiele und Bilder. Register.

Die Kunst
Der gesamte Stoff für den modernen Kunstunterricht. 528 Seiten. 3 000 Stichwörter, 96 Farbtafeln, zahlreiche Abbildungen. Register.

Politik und Gesellschaft
Ein Lexikon zur politischen Bildung. 463 Seiten.
2 300 Stichwörter, 120 Abbildungen, Literaturverzeichnis. Register.

Die Psychologie
Ein Fachwörterbuch speziell für Schüler.
408 Seiten. 3 000 Stichwörter, 200 Abbildungen.
Register.

Die Religionen
Ein Lexikon aller Religionen der Welt.
464 Seiten. 4 000 Stichwörter, 200 Abbildungen.
Register.

Das Wissen von A – Z
Ein allgemeines Lexikon für die Schule.
568 Seiten. 8 000 Stichwörter, 1 000 Abbildungen und Zeichnungen im Text, davon 350 farbig auf 24 Bildtafeln.

Das große Duden-Schülerlexikon
Verständliche Antwort auf Tausende von Fragen.
704 Seiten, rund 10 000 Stichwörter.
1 600 Abbildungen, Zeichnungen und Graphiken im Text.

SCHÜLERDUDEN-ÜBUNGSBÜCHER

Band 1: Aufgaben zur modernen Schulmathematik mit Lösungen I
Bis 10. Schuljahr. Mengenlehre und Elemente der Logik. 260 Seiten mit Abbildungen und mehrfarbigen Beilagen.

Band 2: Aufgaben zur modernen Schulmathematik mit Lösungen II
11.–13. Schuljahr. Ausbau der Strukturtheorien – Analysis. Analytische Geometrie.
270 Seiten mit Abbildungen.

Band 3: Übungen zur deutschen Rechtschreibung I
Die Schreibung schwieriger Laute.
Mit Lösungsschlüssel. 239 Seiten.

Band 4: Übungen zur deutschen Rechtschreibung II
Groß- und Kleinschreibung.
Mit Lösungsschlüssel. 256 Seiten.

Band 5: Übungen zur deutschen Sprache I
Grammatische Übungen. Mit Lösungsschlüssel.
239 Seiten.

Band 6: Aufgaben zur Schulphysik mit Lösungen
Bis 10. Schuljahr. 200 vollständig gelöste Aufgaben. 208 Seiten.

Band 7: Übungen zur Schulbiologie
Mehr als 400 Aufgaben mit Lösungen. 224 Seiten mit 180 Abbildungen.

Band 8: Übungen zur deutschen Rechtschreibung III
Die Zeichensetzung. Mit Lösungsschlüssel.
205 Seiten.

Bibliographisches Institut
Mannheim/Wien/Zürich

DUDEN
Band 4